AF267026

# LE CREDO

DU

## XXᵉ SIÈCLE

---

PRINCIPES DE LA RECONSTRUCTION SOCIALE

---

PAR

## CH. MISMER

J'ai fait un beau rêve. Hélas! je suis muet;
mon auditoire est sourd : que faire ?
*(Épigraphe persane.)*

---

PRIX : 1 FRANC.

---

# PARIS

LIBRAIRIE INTERNATIONALE
A. LACROIX, VERBOECKHOVEN ET Cⁱᵉ, ÉDITEURS
15, boulevard Montmartre et faubourg Montmartre, 13
MÊME MAISON A BRUXELLES, A LEIPZIG ET A LIVOURNE

MDCCCLXXII

# LE CREDO

## DU
## XXᵉ SIÈCLE

PRINCIPES DE LA RECONSTRUCTION SOCIALE

PAR

### CH. MISMER

J'ai fait un beau rêve. Hélas ! je suis muet ;
mon auditoire est sourd : que faire ?
*(Épigraphe persane.)*

## DEUXIÈME ÉDITION

**PRIX : 1 FRANC.**

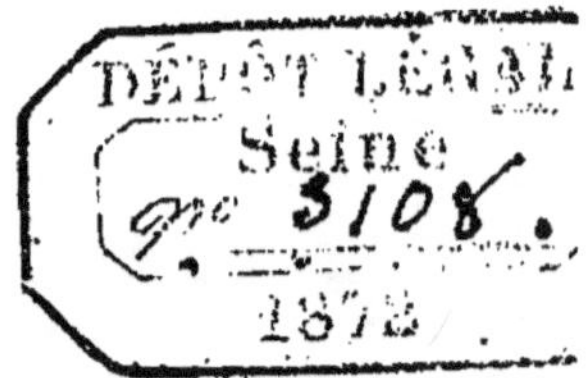

# PARIS

LIBRAIRIE INTERNATIONALE
A. LACROIX, VERBOECKHOVEN ET Cⁱᵉ, ÉDITEURS
15, boulevard Montmartre et faubourg Montmartre, 15
MÊME MAISON A BRUXELLES, A LEIPZIG ET A LIVOURNE

MDCCCLXXII
Tous droits de traduction et de reproduction réservés

Paris. — Imp. Barthier et C°, rue J.-J.-Rousseau, 61

# A M. VICTOR HUGO

DEUX FOIS PROSCRIT POUR LA CAUSE DE LA JUSTICE

# A M. VICTOR HUGO

Deux fois proscrit pour la cause de la justice.

---

Monsieur,

Les plus illustres écrivains ont rendu hommage à votre génie; permettez au plus obscur de rendre hommage à votre caractère.

Pendant vingt ans, vous avez tenu en échec l'Empire issu du *deux décembre*, et proclamé, au milieu de l'effondrement de tous les principes, qu'à défaut de la justice sociale, il y a une justice naturelle, dont rien ne saurait détourner le cours : ni la complicité des peuples, ni l'absolution de l'Église infaillible, ni les baïonnettes des prétoriens.

Dans une circonstance douloureuse, vous avez défendu, contre notre civilisation, le droit d'asile, que les âges barbares ne refusaient pas aux plus grands criminels, et rappelé à des vainqueurs impitoyables que la vengeance n'est pas la justice.

L'histoire montre les capitulations des consciences précédant toujours les capitulations des armées et des empires; de même qu'elle flétrira les lâchetés et les apostasies de notre temps, elle honorera dans le grand poète du XIXᵉ siècle le double exil qui a sanctionné l'accord entre ses actes et ses paroles.

Au moment de convier les esprits au culte de la justice, il m'a paru nécessaire de rappeler votre exemple, malgré les différences fondamentales qui séparent votre radicalisme du mien.

Veuillez agréer, je vous prie, Monsieur, l'hommage de mon admiration et de mon profond respect.

CH. MISMER.

---

# RÉPONSE A LA DÉDICACE.

A M. Ch. Mismer.

Paris, 27 mars 1872.

MONSIEUR,

Nous sommes aux deux pôles opposés ; vous, du côté de l'autorité, moi, du côté de la liberté ; le trait d'union entre nous, c'est la conscience. Je suis convaincu. Vous l'êtes aussi. De là votre dédicace. Elle m'honore et me touche.

Vous êtes un homme de talent, d'étude, de science, de foi. Votre livre aura toutes ces qualités et méritera l'attention des esprits sérieux ; mais vous-même marquez nos dissidences. Nos points de départ étant différents, nous ne pouvons avoir le même point d'arrivée. Vous hésitez à voir dans la Révolution un moteur de civilisation. Vous admirez le repos de l'Orient, qui est pour moi stagnation ; j'aime le progrès de l'Occident, qui est pour vous désordre. Du reste, tous deux nous cherchons la vérité, et nous sommes, vous et moi, d'accord en ceci : que nous voulons l'homme meilleur.

La paix de la science est entre nous : par-dessus les intervalles, j'ai presque dit les abîmes, qui nous séparent, nous pouvons nous tendre et nous serrer la main.

VICTOR HUGO.

# INTRODUCTION.

Un an avant Sedan, deux ans avant la Commune, à la suite d'une étude comparative des deux principaux systèmes religieux basés sur la révélation, l'auteur a formulé de la manière suivante son jugement sur les sociétés issues du christianisme (1) :

« Tous les penseurs, quel que soit leur point de départ
« spéculatif, s'accordent unanimement pour constater la véri-
« table et profonde anarchie morale de la société moderne.
« Les dieux s'en sont allés, ainsi que les croyances. Rien de
« grand, rien d'auguste, rien de sacré, pour notre génération
« sceptique et gouailleuse. Le roi-soleil, dont la majesté
« imposait à Bossuet et faisait pleurer Jean Racine, ferait
« pouffer de rire nos enfants.

« Le peuple souverain, qui l'a remplacé, est une idole que
« l'on ne caresse que pour avoir son sang et son argent. Jouir
« vite, jouir à tout prix, telle est la préoccupation générale.
« Plus d'héroïsme, plus de mâles vertus. Le vice même est
« lâche et ramolli. La coupe de Locuste a remplacé le poignard
« dans l'arsenal du crime. Jamais on n'a vu trafiquer avec la
« même impudence des consciences et des serments. Osez
« parler de dévouement et de reconnaissance ! La spéculation,
« qui s'étend à tout, répondra, en parodiant le mot du marquis
« de Sillery : « Un homme est un citron dont on jette l'écorce
« au feu après en avoir exprimé le jus. »

« Faux cheveux, fausses dents, faux principes, ventres et
« consciences élastiques, fard et mensonge, voilà les carac-
« tères distinctifs de notre civilisation !

« A la place de l'homme, un trompe-l'œil.

(1) *Soirées de Constantinople*, Paris, Librairie Internationale, page 298 et suivantes.

« Un paquet d'ouate figure Antinoüs, comme Turcaret figure
« Caton , comme Messaline figure la mère des Gracques.
« L'amour même ne vaut qu'autant qu'il rapporte. Le succès
« excuse tout. Chapeau bas! devant cet aventurier glorieux.
« Ventre à terre! devant cette courtisane parvenue. L'absence
« d'un système prépondérant, capable de recevoir tous les
« esprits dans une seule communion d'idées, a engendré
« l'absence complète de foi publique, le débordement uni-
« versel de l'égoïsme, la prédominance des considérations
« purement matérielles, enfin la corruption des masses érigée
« en système de gouvernement.

« La force est la seule alternative qui reste pour maintenir
« l'ordre public.

« Bien que l'hypocrisie chrétienne ait remplacé la religion
« chrétienne, le Christianisme domine encore à ce point que,
« sauf sur le terrain rigoureusement scientifique, l'erreur a
« plus de chance de s'accréditer que la vérité.

« La papauté temporelle, le dogme de l'immaculée Concep-
« tion, le Syllabus, l'infaillibilité du pape, pèsent d'un poids
« plus lourd dans la balance de nos destinées que la loi de la
« gravitation.

« Les utopies de Campanella, de Thomas Morus, de Mon-
« tesquieu, de J.-J. Rousseau, les principes de 1789, les cons-
« titutions, les chartes, le communisme, le socialisme et le
« césarisme, autant de tentatives stériles pour fonder l'ordre
« social sur la base idéale de la république de Platon, de la
« métaphysique d'Aristote et de l'évangile de Jésus!

« L'expérience ne nous corrige pas.

« Toujours nous partons du conjectural pour arriver au po-
« sitif, de la foi pour arriver à la science. Nos révolutions s'ac-
« complissent en sens inverse du progrès. Nos tentatives pour
« constituer un ordre de choses durable ressemblent à ces châ-
« teaux fantastiques que l'imagination découpe dans les nuages
« et qu'un souffle d'air emporte vers l'horizon. Pendant que
« l'humanité s'épuise en aspirations stériles vers l'inconnu,
« la terre, qu'elle foule à ses pieds, offre en vain ses trésors
« dédaignés. Des espaces immenses restent sans culture;

« n'y a qu'à se baisser pour trouver la solution du bonheur, et
« pourtant les neuf dixièmes des créatures humaines passent
« leur vie dans la misère et la souffrance.

« Un pain grossier, mesuré parcimonieusement, en récom-
« pense d'un travail opiniâtre, voilà le lot du plus grand
« nombre; et, comme pour ajouter au supplice de leur desti-
« née, les éclaboussures du vice triomphant!

« Que penser d'une politique qui mesure la grandeur d'une
« nation au nombre d'hommes qu'elle peut mettre sous les
« armes?

« Que penser d'une administration qui paie cent millions
« une sinécure (1) et qui laisse mourir de faim des centaines
« de mille créatures humaines (2)?

« Que penser d'une société qui encourage la démoralisation
« publique, en érigeant des temples à la luxure et à la dé-
« bauche?

« Si c'est là ce qu'on appelle civilisation, qu'est-ce donc que
« l'état sauvage?

« La raison s'épouvante en songeant que tout le système des
« relations extérieures de l'Europe repose sur la fantaisie de
« quelques hommes!!!

« Tandis que, dans l'ordre matériel, l'humanité est en pré-
« sence d'un idéal nettement défini, dont les horizons s'élar-
« gissent au fur et à mesure de la marche du progrès, dans
« l'ordre moral, chaque jour nous met en présence d'un idéal
« nouveau. On brûle le lendemain ce qu'on a adoré la veille,
« sauf à recommencer.

« Le danger de l'avenir est plus grand qu'on ne pense.
« L'insuffisance de la réforme religieuse est démontrée depuis
« longtemps. Les révolutions politiques succèdent aux révolu-
« tions politiques, en attendant que la révolution sociale en-
« vahisse la scène.

« Liberté, égalité, fraternité, vains mots qui servent de
« piége aux ignorants et de piédestal aux ambitieux. L'hydre

(1) L'empire et ses parasites.
(2) En Algérie lors de la famine.

« aux trois têtes : la théocratie, la monarchie et le capital est
« plus vivace que jamais.

« Cependant, le pouvoir légal appartient au suffrage uni-
« versel !

« Qu'adviendra-t-il si les prochaines assises du suffrage uni-
« versel assurent le triomphe des candidatures du prolétariat
« et de la misère?

« Il ne s'agira plus alors de revendiquer des libertés néces-
« saires ou de poser des questions dynastiques.

« Ce sera l'heure d'apurer tous les comptes et de passer sur
« le luxe le niveau de l'égalité.

« Que du sein des classes deshéritées il sorte un Spartacus,
« et il aura à sa disposition la plus effrayante de toutes les
« forces : la force légale. Grâce au suffrage universel, Sparta-
« cus est devenu le maître, et Crassus l'esclave !

« Il fera bon parler de propriété à ce grand va-nu-pieds
« qu'on appelle le peuple souverain. Il lui faudra du pain et
« des spectacles, sinon les danses et les ripailles somptueuses
« dans les palais de marbre courront risque d'être dérangées.

« Un peuple ignorant et sans foi est comme la bête fauve
« courbée sous le fouet du dompteur. Quelques gouttes de sang
« chaud suffisent pour le rendre à ses instincts. Croit-on que
« la foule, qui se pressait naguère sur le théâtre d'un crime
« retentissant et aux abords de la Morgue, se détournerait
« d'un combat de gladiateurs (1)?

« Les lignes sinistres que Proudhon a tracées dans le jour-
« nal le *Représentant du Peuple*, à la date du 28 avril 1848,
« n'ont pas cessé d'être vraies ; seulement, ce qui s'appliquait
» alors à la France, s'applique aujourd'hui à toute l'Europe.

« — Alors, quand le gouvernement sera sans ressources ;

« Quand la nation aura dévoré son revenu ;

« Quand le pays sera sans production et sans commerce ;

« Quand un million de prolétaires sera croisé contre la pro-
« priété ;

---

(1) Affaire Tropmann.

« Quand la première gerbe aura été pillée, la première mai-
« son forcée, la première église profanée, la première torche
« allumée, la première femme violée;

« Quand le premier sang aura été répandu; quand la pre-
« mière tête sera tombée; ⸱

« Oh! alors vous saurez ce que c'est qu'une révolution pro-
« voquée par des avocats, accomplie par des artistes, con-
« duite par des romanciers et des poëtes! » —

« L'état révolutionnaire est l'état normal des sociétés mo-
« dernes. Or, la révolution n'est pas le progrès. Le progrès
« signifie amélioration. La révolution signifie destruction. La
« révolution renverse les dogmes établis par d'autres dogmes
« qui ne valent pas mieux. Elle se sert de la liberté de cons-
« cience pour abattre l'unité morale, du principe des nationa-
« lités pour abattre l'unité politique, du suffrage universel
« pour bouleverser la hiérarchie sociale.

« Le progrès par la science exclut la liberté de conscience :
« on n'est pas libre de croire ou de ne croire point à la loi de
« l'attraction!

« Il exclut le principe des nationalités : le principe des natio-
« nalités, en substituant à l'aristocratie des familles l'aristo-
« cratie des nations, a la prétention d'opposer une digue à la
« marche du progrès : le progrès a pour objectif la fusion des
« peuples, la solidarité universelle.

« Il exclut le suffrage universel : il n'est pas juste que l'in-
« telligence soit gouvernée par la matière, que les hommes
« soient à la merci des brutes. La science n'admet pas l'égalité
« de droits entre l'ignorant et le savant, entre le vice et la
« vertu; tenant compte du parallélisme qui règne entre la
« science et la morale, elle n'admet pas que l'ignorance ait
« pour corrélatif la justice.

« La science facilite le progrès en débouchant ses voies. La
« révolution l'entrave par les ruines qu'elle jette sur son pas-
« sage.

« N'était la science et son triomphe inévitable dans un avenir
« plus ou moins rapproché, ce serait à désespérer des sociétés
« modernes! »

Les événements qui ont sanctionné les prévisions contenues dans ces lignes sont loin d'avoir marqué la dernière évolution de l'anarchie métaphysique. L'état révolutionnaire reste l'état normal. La force peut contraindre l'idée ; elle ne saurait l'anéantir. La cause survivant, l'effet reparaîtra. D'ailleurs, la force est susceptible de déplacement. En 1848, il y avait trente mille hommes en révolte contre l'ordre établi ; en 1871, il y en avait deux cent mille ; il y en aura plusieurs millions avant dix ans.

Que deviendront les conquêtes matérielles de notre civilisation à la merci de la convoitise ignorante et de la vengeance inassouvie ? Ce que deviennent des jouets compliqués entre les mains des enfants. Nos monuments et nos richesses disparaîtront comme ont disparu les richesses et les monuments de l'Assyrie, de l'Égypte, de la Grèce et de Rome : car partout et toujours la ruine de l'ordre matériel a suivi la ruine de l'ordre social.

La foi chrétienne, antique et sincère, est morte, bien morte. Essayer de la rappeler à la vie serait hâter la catastrophe finale, loin de la conjurer. La nouvelle foi, libérale et démocratique, tourne depuis quatre-vingts ans dans un cercle vicieux qu'elle ne franchira jamais. De ce qu'elle a produit, il est facile de conclure à ce qu'elle produira. De ce qu'elle a produit en France, il est facile de conclure à ce qu'elle produira ailleurs. Le naufrage toujours imminent réclame des sauveurs toujours prêts. La Révolution et les coups d'État, le césarisme et l'anarchie se disputeront les sociétés modernes, au fur et à mesure qu'elles abandonneront l'ordre théologique pour l'ordre métaphysique, jusqu'à leur entière dissolution. La guerre entre les partis engendrera la guerre d'homme à homme. L'assassinat politique et le suicide deviendront la suprême ressource du patriotisme désespéré.

C'est que la liberté et l'égalité sont des principes essentiellement négatifs. L'idée positive du devoir ne s'en dégage pas suffisamment. On peut les considérer comme un objectif à atteindre, jamais comme un point de départ. Essayez de conjurer le danger de l'avenir sans imposer le devoir comme un corrélatif absolu du droit !

Que si vous admettez le devoir, vous arrivez fatalement à la contrainte. Or, la contrainte, même morale et spontanée, exclut la liberté, votre principe fondamental.

En réfrénant ses passions et ses besoins, en s'éloignant de l'animalité, l'homme cesse d'être libre. L'homme primitif et sauvage, tel est le modèle que Rousseau a proposé à l'imitation des peuples libres. Une telle société réclame le désert. Après cela, étonnez-vous de l'incendie de Paris !

Si les philosophes libéraux n'étaient pas ignorants dans les sciences naturelles, ils sauraient qu'on peut faire le tour de l'univers sans rencontrer ni la liberté, ni l'égalité. Dieu lui-même n'est pas libre ! Dieu n'est pas libre de changer les lois immuables qui régissent l'univers !

Admettre que Dieu puisse changer les lois qui président à l'ordre universel, c'est admettre que Dieu puisse se tromper. Or, Dieu ne saurait se tromper sans cesser d'être Dieu. Admettre que Dieu trouble l'harmonie des lois de l'univers pour commettre ou pour réparer une injustice, c'est admettre la faillibilité de la justice de Dieu ou son injustice. Or, Dieu ne saurait cesser d'être juste sans cesser d'être Dieu. Donc, Dieu n'est pas libre. Or, si Dieu subit la contrainte des lois de la nature, comment l'homme ne la subirait-il pas ?

La liberté et l'égalité sont des hypothèses irréalisable dans la nature et la société. On ne bâtit pas sur des hypothèses. On ne remplace pas impunément par des hypothèses les axiomes indispensables à la science sociale comme à la science physique. Cette foi commune, ce *consensus omnium*, qui met fin aux rivalités de sectes et de partis, qui produit l'émulation dans le sacrifice et dans la mort, comment l'obtenir tant que l'évidence ne sera pas acquise aux principes constitutifs de toute société ?

Ces réflexions et beaucoup d'autres, qui ont trouvé leur place dans les *Soirées de Constantinople*, avaient inspiré à l'auteur les lignes suivantes, où se trouve le dernier mot de ses études :

« Selon nous, la société moderne est en mal d'enfant d'une
« nouvelle religion.

« Que sera cette religion?

« Évidemment une religion positive, capable d'embrasser
« toutes les vérités scientifiques.

« Toute la force des religions révélées est dans leur organi-
« sation et leur discipline.

« Toute la faiblesse du parti qui a abandonné le terrain de
« la révélation pour celui de la science, est dans son défaut
« de discipline et d'organisation.

« Le problême à résoudre consiste à dogmatiser la vérité
« scientifique, à lui créer une armée régulière, des chefs, un
« drapeau.

« Nous avons assez démoli; il s'agit de reconstruire. Au
« scepticisme et à la négation il faut substituer l'action, non
« plus l'action individuelle, le combat de tirailleurs, qui nous
« expose à être battus en détail, mais la concentration de
« toutes les forces sur un point donné, une vraie phalange ma-
« cédonienne capable de braver la rage des hommes et les
« injures du temps.

« Un concile au XIXᵉ siècle est un défi qu'il faut accepter.

« Plus de liberté de conscience !

« C'est au tour de la science de dire : « Hors de l'Église
« point de salut ! »

« Pour cela il nous faut créer une église, une religion, dont
« le *Credo* pourra être formulé comme il suit :

« Art. 1er. Nul ne pourra prétendre à la qualité de fidèle
« avant d'avoir fourni la preuve qu'il est un homme. (Voir aux
« prolégomènes ce que nous entendons par un homme (1).

« Art. II. Toutes les vérités font partie du dogme.

« Art. III. Il n'y a d'autres vérités que les vérités démon-
« trées.

« Art. IV. Tout ce qui est incapable de démonstration est
« classé dans l'erreur.

« Art. V. Guerre à mort à l'erreur sous quelque forme
qu'elle se présente ! »

Les conclusions précédentes n'ont qu'une valeur générale. Elles indiquent la marche à suivre pour résoudre
le problème, en réservant la solution. Le véritable *Credo*
restait à faire. L'auteur se défiait de ses forces et de son
jugement. L'optimisme était si grand en Europe et surtout
en France ! La foule imbécile, qui applaudissait à toutes
les hontes de la presse et du théâtre, ne taxerait-elle pas
de folie un projet de reconstruction sociale ?

Cependant la réalité a remplacé le rêve....

S'agissant de refaire une France, il semblera plus
naturel que ceux-là qui ont prévu le mal s'occupent de le
guérir ; on pardonnera certainement à qui a perdu sa
patrie de travailler à la consolidation de la République,
dernier espoir de tous les affligés, unique lien qui rattache à la France ceux qui ont payé sa rançon vivante.

Avant de passer outre, il importe de bien marquer
la différence fondamentale qui règne entre les principes
nouveaux et ceux actuellement en faveur. La correspon-
dance suivante répond à cet objet :

---

(1) *Soirées de Constantinople*, p. 11 et suiv.

## A M. Ch. MISMER, Publiciste (Constantinople).

Berne, 3 août 1871.

MONSIEUR,

Je me propose de publier dans quelques mois le *Cours de Droit politique*, où j'ai commenté cette année, à Berne, la déclaration des droits de l'homme (Constitution de 93). Peut-être parviendrai-je de cette façon à rendre ma pensée plus claire pour ceux qui me font l'honneur de s'y intéresser.

Voici, au surplus, ce qu'il y a, dans cette pensée, de fondamental. J'ai avant tout pour objet d'éliminer le plus possible l'ordre de la loi positive, de la coërcition *manu militari*, et de substituer de plus en plus à cet ordre-là celui de la morale, de la science. Le premier est factice, arbitraire, et je n'aperçois pas qu'il puisse cesser d'être l'un et l'autre, à moins que le pouvoir législatif social devienne un jour infaillible. Le second est naturel, nécessaire, et c'est cet ordre-là qui, dans l'éternel mouvement des choses, prédomine finalement, constamment, devrais-je plutôt dire? C'est cette ordre-là qui met constamment le mieux à la place du moins bien; c'est cet ordre-là, en un mot, qui, en se faisant de plus en plus, réalise le progrès.

Mais cet ordre, qu'est-il? Qu'est-il en particulier, en ce qui touche à l'homme?

C'est là la contre-partie affirmative que ma thèse soulève. Eh bien! quand je regarde l'homme, ce que j'aperçois d'abord c'est que l'homme est une activité, consistant en raison, en sensibilité, en volonté. Cette observation me donne la loi de la nature humaine, et d'emblée j'arrive à cette conclusion : Puisque l'homme est essentiellement une raison, une sensibilité, une volonté, l'homme a le droit et le devoir d'exercer son activité, de développer sa raison, sa sensibilité, sa volonté.

Voilà ma liberté !

Ce droit et ce devoir de l'homme, je ne les affirme pas pour un homme ; je les affirme pour tout homme ; j'affirme pour tout homme le droit et le devoir de devenir tout ce que sa nature comporte.

Voilà mon égalité !

Dans les individus, les facultés iront-elles, vont-elles de plus en plus en s'égalisant? C'est un contre-aspect, plus profond que le précédent, de la question de l'égalité. Je tiens pour *l'affirmative*, et l'observation historique me paraît me donner raison. Mais toutes ces *libertés*, toutes ces *égalités*, se trouvent-elles sans lien les unes à côté des autres? Impossible! Est-ce qu'elles ne font pas toutes partie d'un même tout? Est-ce que chacune en particulier et toutes ensemble ne sont pas des éléments constitutifs et intégrants de l'ordre et de l'harmonie universelles? Un homme ne peut avoir son droit et accomplir son devoir, si un autre homme, un seul homme, n'a pas son droit et ne peut accomplir son devoir.

En vain, du reste, parlé-je un langage absolu ; mon idée, hélas! est relative, l'idée complète du droit, l'idée complète du devoir, la pleine puissance de l'un, le plein accomplissement de l'autre, conceptions et réalités excédant les bornes de la nature humaine, les bornes des choses !

Consolons-nous et reconfortons-nous pourtant ; chaque jour elles reculent devant nous ces bornes, et si, chaque jour, à mesure que nous montons, nous voyons se découvrir des perspectives plus profondes, en revanche nous sentons aussi en nous-mêmes, pour y atteindre, plus de ressources et plus d'amour.

Je dis donc avec vous, Monsieur, *solidarité*. Je dis *solidarité* parce que j'ai dit *liberté*. Et, vous l'avouerai-je ici, pour comprendre comment cette déduction si simple échappe à des intelligences exercées, j'ai besoin, en vérité. de faire effort, j'ai besoin de me souvenir que les hommes les plus préoccupés des idées sont aussi les plus enclins à en abuser, à leur prêter un caractère absolu qu'elles n'ont pas, qu'elles ne peuvent plus avoir, et à faire naître ainsi entre elles des conflits qui n'existent que dans un entendement troublé.



2

Cet ensemble, que je viens d'indiquer, je l'appelle *l'autonomie de la personne humaine*; je l'appellerais tout aussi volontiers *la justice pour l'homme*, et considérant le penchant qui nous porte naturellement les uns vers les autres, nos facultés affectives, je développe encore ma théorie *d'autonomie* en y faisant entrer la *fraternité*.

Tels sont, Monsieur, en définitive, les principaux traits de ce que je nommerai beaucoup trop ambitieusement ma doctrine. Je ne vous tairai pas pourtant que, plus je scrute l'idée qui est ma base, plus je trouve cette idée féconde et plus aussi s'évanouissent pour moi les difficultés qui ont longtemps embarrassé ma recherche scientifique.

Dans le cas donc où vous croiriez devoir user de certains passages de cette lettre dans un but de publicité, je vous autorise pleinement à le faire, et je me féliciterais que vous les accompagnassiez de vos observations.

. . . . . . . . . . . . . . . . . . . . .

. . . . . . . . . . . . . . . . . . . . .

Bien cordialement à vous.

ÉMILE ACOLLAS.

# A M. Émile ACOLLAS,

*Professeur de droit français à l'Université de Berne (Suisse)*

——

Constantinople, 19 août 1871.

MONSIEUR,

Pour répondre convenablement à la lettre que vous m'avez fait l'honneur de m'adresser, je vous demande la permission de prendre les choses un peu haut. Aussi bien, le problême que nous agitons dans cette controverse, savoir la recherche des principes d'une reconstruction sociale, d'après les données de la science, est le plus grave de tous, celui qu'il importe de résoudre d'abord, avant d'entreprendre fructueusement l'étude des questions secondaires. On a beau être logique, lorsque les prémisses sont fausses, les conclusions le deviennent fatalement; et c'est en vain que l'on tenterait d'organiser scientifiquement les divers rouages de la machine sociale, tant que les fondations mêmes de cet édifice ne reposeront pas sur des assises inébranlables.

Les mathématiques, la physique, la chimie, la physiologie, l'histoire naturelle en un mot, après avoir traversé l'anarchie théologique et métaphysique, s'appuie maintenant sur quelques vérités fondamentales universellement reconnues. Le moindre doute sur ces vérités ferait crouler tout l'échafaudage scientifique.

Pourquoi ce qui est vrai dans l'ordre matériel ne le serait-il pas dans l'ordre moral et social ?

En d'autres termes : quelle chance avons-nous d'introduire la paix et l'harmonie dans les sociétes humaines, tant qu'un accord unanime ne sera pas intervenu sur les principes constitutifs de toute société ?

Or, de même que la physique naturelle a demandé à l'observation de la nature ses lois fondamentales, c'est à l'observation de la nature que la physique sociale, renonçant une fois pour toutes à la recherche des causes finales et des idées innées, empruntera nécessairement ses axiomes.

Un philosophe célèbre de l'antiquité avait écrit sur le frontispice de son académie : *nul n'entrera ici s'il n'est géomètre !* Je crois que l'heure n'est pas éloignée où l'on écrira sur la porte des assemblées législatives et gouvernementales : *nul n'entrera ici s'il n'est philosophe !*

S'agissant de faire des lois pour les hommes, de gouverner les hommes, il me semble que la notion complète de l'homme, de son importance relative dans l'économie universelle est de rigueur.

Combien de préjugés orgueilleux s'écrouleraient devant cette affirmative scientifique : la terre qui sert d'habitacle à l'humanité n'est qu'un grain de sable suspendu entre deux abîmes : l'infiniment grand, l'infiniment petit !

Et si la goutte d'eau est un monde où s'agitent des millions d'êtres organisés, qui vivent, qui aiment, qui pensent, comment admettre que les sphères sidérales soient dépourvues d'organismes vivants ? Comment admettre que ces organismes ne soient pas en rapport mathématique de grandeur et de perfection avec la perfection et la grandeur respectives de chaque planète ?

Loin de sanctionner les prétentions de l'homme à une supériorité sur tous les organismes vivants, contenus dans l'univers, la science ne pourrait même pas lui concéder qu'il fût le *nec plus ultra* de la perfection terrestre.

Notre planète a subi de nombreuses révolutions dont la trace est visible à l'œil nu. Or, la cause de ces révolutions subsiste : au-dessous de la croûte terrestre, qui ne compte guère plus de 1/260 de l'épaissenr totale, un océan en ébullition menace de recouvrir tout ou partie de notre globe d'une nouvelle alluvion, c'est-à-dire, si l'on tient compte de ce fait avéré que chaque révolution a donné naissance à des organismes plus parfaits, *de préparer l'avénement d'un organisme supérieur à l'organisme humain ?*

Qu'est-ce que l'homme dans cette conception ?

De quel poids pèsent 8 à 900 millions d'animalcules humains avec leurs passions, leurs haines, leurs guerres, leurs ambitieuses folies, dans le tourbillon universel? Comment faire jaillir de telles prémisses *l'autonomie de la personne humaine?*

La science ne pourrait même pas affirmer l'autonomie de l'espèce, car ces 8 à 900 millions d'êtres humains sont séparés par des différences physiologiques considérables, de races, de couleurs, de structure, de capacité cérébrale.

Entre l'Australien et le Bochiman, qui sont incapables de compter au-delà de vingt, et l'homme de race supérieure, il y a un abîme que nulle métaphysique ne comblera jamais.

Comment concilier l'égalité sociale avec les inégalités natives?

Comment concilier le *fatalisme*, qui enchaîne le nègre à sa couleur, le lapon à sa taille de nain, le sourd-muet de naissance à son infirmité, l'enfant, la femme, le vieillard, le malade, l'ignorant, l'affamé, etc., aux nécessités de leur appétit, de leur aveuglement, de leurs souffrances, de leur âge, de leur organisation, de leur impuissance, etc., avec la liberté?

N'est-ce point le cas de dire avec Spinosa : la liberté humaine, dont les hommes se vantent, n'est que la conscience de leur volonté, que *l'ignorance des causes qui la déterminent?*

Je sais bien que vous dites *liberté relative, égalité relative,* que vous définissez cette égalité, que vous définissez cette liberté; mais quelle est la valeur d'un axiome qui a besoin de définition?

Quand je dis : *Justice pour tous!* j'énonce une proposition évidente que tout le monde sera forcé d'admettre.

Quand vous dites que les hommes sont libres, qu'ils sont égaux, les hommes satisfaits discuteront avec vous la question de mesure: il y aura des *libéraux,* des *radicaux,* des *bleus,* des *blancs* et des *rouges,* des partis et des sectes à l'infini; mais les déshérités vous prendront à la lettre et revendiqueront, le fusil et la torche à la main, la liberté absolue, l'égalité absolue !

Malheur à la société moderne qui s'obstine à confier son avenir à des principes relatifs !

Il faut, pour qu'un principe soit fécond, que de ses plus extrêmes conséquences il ne puisse sortir aucun mal, que de son exagération même découle toujours le bien.

C'est ce que vous avez admirablement compris en formulant comme vous l'avez fait votre théorie de *l'autonomie de la personne humaine.*

Cette théorie, je l'accepterais si la science pouvait la sanctionner. Mais la science, avant de conclure à l'autonomie de la personne sociale, tiendra à s'assurer de l'autonomie de la personne physique.

Elle posera cette question : l'homme seul est-il une autonomie ?

Semblable à un navire qui porte dans ses flancs tout ce qui est nécessaire à son existence et à sa conservation, l'homme peut-il vivre de sa vie propre et indépendante ?

Non, car il est impossible de séparer l'homme de la femme.

L'Église dit qu'il y a trois personnes en Dieu : je n'en sais rien, ni elle non plus ; mais il est sûr qu'il faut deux personnes pour avoir une *autonomie humaine.* Il faut ces deux moitiés d'organisme, l'homme et la femme, pour constituer un organisme complet !

Voilà pourquoi je me sépare de vos prémisses, et je dis *solidarité,* solidarité fatale, entendez-vous, qui entraîne, *ipso facto,* la négation de la liberté, qui entraîne une fois de plus la négation de l'égalité, car entre l'homme et la femme il y a des inégalités naturelles, et, dans cette association de deux moitiés d'organismes, l'homme a un rôle prépondérant.

Cette dualité de la personne humaine constitue la famille, véritable œuf social, première manifestation d'une complète autonomie. Le père, la mère, les enfants, voilà le fondement naturel de toute société !

C'est en étudiant à fond la famille, telle qu'elle est gouvernée par la *loi naturelle de la solidarité,* en épuisant cette matière, que la philosophie pourra déterminer scientifiquement les lois fondamentales de toute association humaine.

Gouvernement, administration, éducation, budget, production, échanges, paix et guerre, tout est réglé dans la famille par les soins de la nature dans une mesure exactement correspondante à l'ensemble des circonstances de races, de couleurs, de milieux, de temps et de lumières.

Quels sont les facteurs de la nature dans l'organisation de la famille? La liberté? Non, car tous les membres sont assujettis à l'intérêt commun. L'égalité? Non, car le père commande, ou la mère, ou le frère aîné; les autres membres obéissent.

Le régulateur de la famille s'appelle la justice!

La justice, qui n'est autre chose que l'expérience, la science appliquée à l'ordre social.

Voilà pourquoi la famille a survécu à tous les cataclysmes qui ont pulvérisé les cités, les empires!

Je m'étonne que l'on s'obstine à demander à des spéculations abstraites la solution d'un problème que la nature a résolu sous nos yeux.

Au lieu de compliquer la question, il la faudrait simplifier; au lieu de commencer l'édifice par le faîte, il le faudrait commencer par les fondations; au lieu d'organiser l'espèce humaine ou une nationalité quelconque, il faudrait organiser d'abord la famille. Lorsque la famille sera organisée scientifiquement, c'est-à-dire justement, rien ne sera plus facile que de passer du simple au composé, que de doter l'humanité entière d'une religion harmonique.

Avant de terminer, permettez-moi, Monsieur, d'appeler vos méditations sur un point capital touché dans votre lettre.

Avec tous les philosophes libéraux, vous paraissez redouter surtout l'intervention d'une force quelconque dans l'organisation sociale. Or, la force fait partie intégrante de la nature. Nier la force, ce serait nier le mouvement, ce serait nier la matière même. Mais il y a force et force. Moi aussi je redoute la force arbitraire, aveugle, déraisonnable : la *tyrannie du mal;* mais je n'éprouve aucune répugnance pour la force au service de la science : la *tyrannie du bien!* C'est à cette force que nous devons toutes les conquêtes matérielles de notre civilisation.

La science est nécessairement despotique. La coërcition découle de la certitude. La ligne droite étant le chemin le plus court pour arriver au but, la science finira par s'impatienter des obstacles que la stupidité publique accumule sous ses pas.

S'agissant de conduire l'espèce humaine vers un idéal de perfection, elle ne se bornera plus à livrer sa barque au gré des flots : la rame, la voile, la vapeur, seront invoquées tour à tour pour accélérer la marche ; équipage et passagers seront courbés sous le despotisme de la boussole et du compas !

L'instruction gratuite et obligatoire marque le premier pas dans cette voie. La suppression des cabarets, des maisons de jeu et de débauche, des spectacles démoralisateurs, d'une littérature incendiaire et dissolvante, des écoles du vice et du crime, en est la conséquence logique.

Où sera le mal?

La science n'est-elle pas infaillible comme la vérité?

La justice étant le corrélatif de la science, n'est-elle pas infaillible comme elle, à la condition de respecter la loi d'un parallélisme exact?

Mais la différence capitale entre la coërcition scientifique et la coërcition *manu militari*, gît dans ce fait que l'une est essentiellement répressive, tandis que l'autre a un caractère essentiellement préventif.

Châtier après coup, se venger, tel est le procédé habituel de l'ignorance armée, du césarisme aux abois. Empêcher la naissance du mal en extirpant ses racines ; développer les germes du bien, même par la force : tel est l'objectif de la science dans l'ordre matériel ; tel est, dans l'ordre moral et social, l'objectif de la justice.

Bien que je ne me fasse aucune illusion sur la fortune présente de mes idées, je crois l'heure venue où chacun a le devoir d'émettre une pensée virile et sincère. La société moderne est acculée dans une impasse d'où elle ne sortira qu'en reculant de plusieurs siècles ou en brisant hardiment les obstacles caducs qui la retiennent encore. Mon sentiment est que ce dernier parti l'emportera. En avant ! en avant ! tel est le cri général de l'humanité.

N'en déplaise à Lamartine : l'homme n'est pas *un roi déchu qui se souvient*; c'est un esclave qui veut devenir roi, un être mparfait qui aspire à la perfection.

Veuillez agréer, etc.

CH. MISMER.

Comme il est dit plus haut, la lettre en réponse à celle de M. Emile Acollas a été conçue en vue de bien marquer la différence fondamentale entre les deux systèmes, d'élever axiomes contre axiomes.

S'il se fût agi d'une réfutation, voici en quels termes elle se fût produite : Vous dites que l'homme est une activité consistant en raison, en sensibilité, en volonté, et vous concluez d'emblée au droit et au devoir de l'homme d'exercer son *activité*.

Mais la bête féroce aussi est une *activité* consistant en raison, en sensibilité, en volonté ! Est-ce à dire qu'elle ait le droit et le devoir de devenir *tout ce que sa nature comporte* ? Serait-ce que la différence fût si grande entre l'homme et la bête?

L'histoire de l'humanité n'est-elle pas d'un bout à l'autre ruisselante de sang? En quoi les deux nations qui se sont entre-massacrées pendant la dernière guerre, sous prétexte d'unité allemande et de conservation dynastique; en quoi les incendiaires, les égorgeurs de femmes et d'enfants, les exécuteurs sommaires; en quoi les Anglais faisant éclater un parti d'Indiens à la bouche des canons sont-ils supérieurs aux animaux, qui ne tuent que pour manger ?

Dès lors, convient-il de traiter l'homme *comme un être parfait*, s'il n'est que *perfectible?*

Convient-il de lui garantir un droit absolu au *maximum* de liberté, tant qu'il n'aura pas été dressé au *minimum* de nuisance?

En termes plus catégoriques, l'activité humaine étant

de 100, s'il est démontré qu'aujourd'hui même, après des milliers de siècles de culture, cette activité s'exerce 90 fois dans le mal, convient-il de proclamer la neutralité entre le bien et le mal par respect pour un principe faux ?

Républicains, mes amis, vous voulez fonder la République, en permettant à vos adversaires de renverser la nuit votre œuvre du jour, sous prétexte que vous n'avez pas le droit de porter atteinte à leur liberté. En vérité, votre logique n'est que de la démence! Vous faites appel à l'insurrection, à la force, pour renverser la tyrannie du mal, et vous répudiez la force lorsque, maîtres du pouvoir, vous pourriez appliquer légalement, scientifiquement, la tyrannie du bien !

D'accord quant au but, nous différons quant aux moyens.

Vous voulez fonder l'ordre social sur la liberté, sur l'*autonomie individuelle* qui, subordonnant le *tout à la partie*, a pour maxime *chacun pour soi*, et mène infailliblement au despotisme centralisateur, aussitôt que la dissolution anarchique est arrivée à son comble.

Je veux fonder l'ordre sur le principe de la solidarité, sur l'*autonomie familiale* qui, subordonnant la *partie au tout*, l'individu à la société, a pour maxime *chacun pour tous*, et rencontre dans la forme fédérative l'ordre naturel de la République.

Or, voyez la richesse et la clarté de la mine offerte à vos convoitises :

La solidarité entraîne la fédération, la fédération entraîne la décentralisation, la décentralisation entraîne la délégation, la délégation entraîne l'élection à plusieurs degrés, l'élection à plusieurs degrés entraîne la substitution du mandat impératif à la profession de foi du candidat, le mandat impératif entraîne le contrôle incessant du mandataire par mandant au moyen d'élections rapprochées.

Vous comptez que la loi du progrès amènera seule le triomphe du bien sur le mal.

Je compte que, s'il y a une loi du progrès dont le triomphe est inévitable, notre devoir est de hâter ce triomphe envers et contre tout.

Vous pensez que l'instruction gratuite et obligatoire suffit à transformer en homme un animal humain.

Je pense que pour élever la température d'un appartement, il faut fermer les fenêtres en même temps qu'on allume le feu; qu'il faut supprimer les écoles de l'ignorance et du crime en même temps qu'on multipliera celles de la science et de la vertu.

Vous voulez supprimer la force.

Je la trouve et je m'en sers; d'autant que nos ennemis ne la dédaignent pas. Notre idéal est-il meilleur? Tout est là. Si, non, nous devons faire amende honorable et tendre le col au joug. Si, oui, la force entre nos mains sera la force entre les mains de la science et de la justice.

Si l'histoire humaine était éclairée à la lumière de ces deux flambeaux : la science, la justice; si toutes les causes étaient soigneusement relevées et rattachées à leurs effets, on pourrait appliquer à la prévision des phénomènes politiques et sociaux la certitude des calculs astronomiques.

En suivant la chaîne du fatalisme, Strasbourg, Boulogne et le coup d'État conduiraient la logique à Sedan; Bordeaux et Versailles la conduiraient à la Commune.

Alors la morale deviendrait une science de faits, au lieu d'être une science de dogmes. La morale en action s'appellerait la nature en action. L'hygiène sociale remplacerait la médecine sociale. L'action humaine serait contrôlée dans la pensée humaine. L'infiniment petit fournirait la raison de l'infiniment grand.

Constamment sous le coup de cette pensée que toute cause a pour sanction ses effets, que les effets sont inévitables, soit qu'ils se produisent aussitôt, soit qu'ils vengent sur les enfants les fautes des pères, chaque homme deviendrait le censeur intéressé de sa propre conduite.

La nécessité d'appliquer à toute chose le *maximum* de justice le porterait à conquérir en toute chose le *maximum* de science.

*Justice pour tous !* et comme moyen de réaliser la justice, *la science pour tous !* Telle est la formule suprême du verbe nouveau, le cri de ralliement qui devra accompagner nos revendications futures.

Ce n'est pas tout : « L'idée universelle de la religion, a dit Bossuet, a suffi pour établir une constitution stable d'Etat et de gouvernement, *même hors de la vraie religion.* »

L'histoire prouve invinciblement qu'en dehors de la forme religieuse il n'y a point d'ordre social, point de discipline militaire. On a beaucoup discuté sur les causes de la décadence romaine. Un temps arriva « où deux augures ne pouvaient plus se regarder sans rire. » Dès lors, la fortune de Rome se trouva à la merci d'un accident. Le même sort nous menace. L'absence de foi publique paralyse tous les efforts individuels.

Pour conjurer l'orgie dans les faits, il faut absolument conjurer l'orgie dans les idées. Il faut que la foule chaque jour grossissante des esprits émancipés trouve quelque part un foyer d'attraction et de cohésion alimenté par la nature. Il faut que les hommes de dévouement et de sacrifice aient la certitude de mourir, le cas échéant, pour une œuvre féconde. Quel autre moyen que de substituer aux religions révélées une religion démontrée, dont la science fournira les pontifes?

Puisque chaque pensée, chaque parole, chaque action porte en soi-même sa récompense ou son châtiment, une sanction intrinsèque, pourquoi disputer plus longtemps sur l'hypothèse d'une sanction extrinsèque, paradis ou enfer, dont nous n'avons nul besoin ?

Pourquoi, au lieu d'attirer Dieu à notre niveau et de rester nous-mêmes au niveau des bêtes, ne pas laisser Dieu à sa place en essayant de monter jusqu'à lui?

Ainsi, la religion positive de l'avenir se distinguerait nettement de la religion théologique et métaphysique du passé.

Ce n'est qu'après avoir constaté l'entière inefficacité du principe libéral en dehors de la négation et de la destruction, son impuissance absolue dans l'ordre positif, que l'auteur a essayé d'établir de nouveaux axiomes sociaux. Il les livre avec une foi entière, mais sans prétention à l'infaillibilité. Si la religion positive ne les adopte pas, elle en adoptera d'autres, puisés à la même source, qui réuniront à un plus haut degré, chose difficile, dans leurs conséquences les plus extrêmes, les plus exagérées, cette double condition d'impuissance pour le mal et de toute-puissance pour le bien, marque infaillible de la science et de la justice.

# CREDO DU XXᵉ SIÈCLE [1]

En voyant tout le mal qui règne sur la terre,
*Je crois que nous vivons sur des principes faux*,
Qu'il est temps de changer notre base éphémère,
De fonder l'avenir sur des dogmes nouveaux.

Nous connaissons le prix de la métaphysique :
Charlatans couronnés, sectaires, avocats,
Ont traversé nos os de leur fer empirique.
Il s'agit pour nous d'être ou bien de n'être pas !

Il nous faut désormais des règles inflexibles,
Principes rigoureux sans nulle exception,
Applicables partout, toujours indestructibles,
Puisés dans la nature et l'observation.

Assez de sang versé, d'amère expérience
Réclament l'abandon des agents destructeurs,
*Je crois que le salut naîtra de la science*,
Que l'Empire est de droit aux esprits constructeurs.

Sanglante liberté ! misérable déesse,
Principe dissolvant, culte absolu du moi :
Va rejoindre César !... *Je crois que la sagesse*
*Extirpera le mal en commençant par toi !*

(1) L'auteur n'a pas besoin de dire qu'il n'a aucune ambition poétique.

Le bonheur, dans ta main, n'est que honteux mirage,
Lamentable gâchis, vile corruption ;
Chacun veut être roi : le plus fou, le plus sage,
Se proclament égaux, ont même ambition.

Les races, les couleurs, le poids de la cervelle
Élèvent des remparts contre l'égalité ;
Pour supprimer d'un coup l'attache originelle,
Un seul mot suffirait ?..... le mot de liberté !

Le malheureux Rousseau, ce fou misanthropique,
Peut errer librement par les chemins déserts :
La nature a créé sa série harmonique,
Pour que l'orgueil humain fût soumis à ses fers.

L'enfant est faible et nu, le jour de sa naissance,
Il mourrait sans sa mère ou sans la charité.
N'est-il pas une loi qui protége l'enfance ?
*Je crois à toi d'abord, ô solidarité !*

Seul, l'homme est incomplet ; son demi-organisme
A besoin de s'unir pour engendrer un tout.
L'État s'est affaissé, consacrant l'égoïsme :
Le mariage saint le remettra debout.

La nature a pétri le nid de la famille
Où couvent les ferments d'association :
La Commune et l'État, l'espèce qui fourmille
S'étagent par degrès sur sa fondation.

L'étude nous apprend qu'à la source des âges,
Tous les hommes vivaient comme des animaux ;
Les siècles, lentement, les rendirent plus sages ;
Du passé, chaque jour voit décroître les maux.

De l'immense univers, les structures parfaites
Naissent d'un rudiment plein de simplicité ;
Je crois à l'avenir effaçant les défaites :
*Appelons-le progrès, perfectibilité.*

Il est une autre loi, tyran de la nature,
Qui rattache toujours la cause à ses effets :
Le chêne vient du gland, l'erreur de l'imposture,
La foudre de l'éclair, les ingrats des bienfaits.

La grandeur des cités, comme leur décadence,
Se mesurent toujours à leurs gouvernements :
Quand j'observe au sommet le vice et l'ignorance,
Je conclus que les vers rongent les fondements.

*L'œuvre lente du temps se nomme fatalisme.*
La logique est son nom dans le cerveau humain.
Nous trouvons ce principe au cœur de l'Islamisme ;
Pour scruter l'avenir, c'est un flambeau certain.

*Je crois que la physique enseigne la morale !*
Le paradis, l'enfer, de la religion,
N'ont pour l'ordre public qu'une valeur banale,
*La nature appliquant la loi du talion.*

Quand l'histoire dira que l'homme est responsable
De l'idée et du fait qu'il met en mouvement,
Qu'il n'est point de hasard, et qu'un acte coupable
Est frappé, tôt ou tard, d'un juste châtiment ;

Qu'un travail éclairé toujours mène à l'aisance,
Que des biens mal acquis ne sont pas le bonheur,
Que le meilleur moyen d'avoir l'indépendance
Est de chasser d'abord l'esclavage du cœur :

Plus ne sera besoin de prisons, de gendarmes ;
Chacun aura, dès lors, une police à soi ;
On se gardera bien d'abêtir, sous les armes,
L'élite des cerveaux pour la gloire d'un roi.


*Je crois que la justice est la raison suprême !*
Elle exprime, en un mot, le droit et le devoir :
Qui n'aime pas autrui ne s'aime pas soi-même ;
Le bien de mon voisin garantit mon avoir.


Ce principe absolu gouvernera le monde !
C'est, dans l'ordre moral, la loi de gravité ;
Il faudrait maintenant la science profonde
Pour le montrer au jour dans sa sublimité.


*Car justice toujours est fille de science !*
La justice est le but, la science un moyen.
Ce n'est qu'en dissipant la nuit de l'ignorance
Que l'avenir pourra se passer de tout frein.


En creusant jusqu'au fond l'œuvre de la nature,
L'humanité pourra profiter de ses lois :
Tout s'enchaîne ici-bas, et la même mesure
Gouverne les fourmis, les astres et les rois.


Soixante mille lois ! soixante-mille chaînes !
Exaltent nos Cujas aux yeux des ignorants.
L'univers, emporté dans les célestes plaines,
Par de simples moteurs, étonne les savants !


De la société, l'injustice est flagrante ;
Il faut tout rebâtir selon le sens commun :
On prélève l'impôt sur la hutte branlante,
Le Pactole insolent rit du fisc importun.

On prodigue l'encens aux bombardeurs de villes ;
On fusille un soldat qui dort en faction ;
Quant aux *capitulards*, des manœuvres subtiles
Préparent lentement leur absolution.

Qui vous donne le droit de déchaîner la guerre ?
De pousser nos enfants à l'horrible abattoir ?
La science vous dit qu'en ravageant la terre
Vous ruinez l'artisan, vous fermez le comptoir.

Qui vous donne le droit de couper cette tête ?
Pour distinguer le juste, il faut être savant :
L'hôpital, la prison, l'échafaud qu'on apprête ]
Servent d'académie à cet homme ignorant !

La justice interdit de punir l'ignorance.
Le capital humain se divise en deux parts :
Si le riche a l'argent : au pauvre la science !
Cette œuvre d'équité doublera nos remparts.

Le bon sens n'admet pas qu'un âpre *Figarisme*
Déverse sur le peuple un flot d'obscénités ;
Il est temps de flétrir ce hideux éclectisme
Qui chante la vertu des êtres dégradés.

L'infortune du jour, l'étude de l'histoire
Montrent à chaque pas la trace des poisons,
Le deuil de nos cités, les crimes de mémoire
Sont l'œuvre des romans, des pamphlets, des chansons.

La justice dira : *L'auteur est responsable*
*Des criminels effets d'un perfide discours.*
Plus d'un prête au pouvoir son zèle impitoyable
Qui des haines du peuple exaspéra le cours !

La justice flétrit la nature élastique,
Gardant même livrée en changeant de bouton,
S'écriant aujourd'hui : Vive la République !
Prête à crier demain : Vivat pour un Bourbon !

Il faut absolument que l'âme polluée,
Dont le faste honteux encombre le trottoir,
Disparaisse aux regards de l'enfance outragée :
La vestale aux autels ! Laïs à son boudoir !

Il faut que tous ces lieux où le peuple s'amuse :
Théâtres, opéras, cirques, cafés chantants,
Voient leurs parquets flétris balayés par la Muse
Qui dispute aux tombeaux les peuples expirants.

Il faut que le labeur règle la jouissance,
Que le pain de chacun soit le fruit de ses bras :
L'équilibre est rompu, le peuple est en souffrance
A cause des viveurs qui ne travaillent pas.

Quand je vois un boursier, un tripotier d'affaires
Doubler son revenu du jour au lendemain,
Pêcher des millions dans ses filets vulgaires,
Je dis que, sous son toit, l'artisan meurt de faim.

Justice entend toujours la pleine compétence
Des magistrats chargés de l'application :
Électeurs ! Députés ! C'est de votre ignorance
Que viennent les malheurs de notre nation.

Pour n'être pas absurde, il faut que le suffrage
S'exerce dans la sphère où tous sont compétents :
Un berger peut nommer au conseil du village ;
Ses élus nommeront pour les départements.

La province à son tour au conseil de la France
Enverra des tribuns soigneusement choisis :
La triple élection fera la renaissance,
De la base au sommet l'édifice est assis !

Que jamais un mandat ne dépasse une année !
Point de progrès certain sans renouvellement !
Une erreur dans le choix veut être condamnée :
L'ordre de l'univers est dans le mouvement.

Il n'est point de litige, il n'est point de problème
Qu'on ne puisse mener à sa solution :
Équitable est l'arrêt lorsqu'il porte en soi-même
Du vrai comme du bien l'entière expression.

Ce n'est pas le canon qui gouverne le monde :
Laissons aux conquérants le triomphe brutal !
La force ne peut rien contre l'œuvre féconde ·
L'avenir appartient au sublime idéal !

Pour nouer en faisceau le savoir, la justice,
Fatalisme, progrès, la loi du talion ,
Que l'amour du prochain cimente l'édifice
Sur l'âpre fondement d'une religion !

La foi religieuse est la seule efficace
Pour que l'humanité conquière un nouveau rang.
Les dogmes dans l'histoire ont imprimé leur trace :
Le monde a pour supports la Bible et le Koran !

A même maladie il faut même remède,
A nouvelle croyance il faut un lien nouveau ;
Quand la digue résiste et que la vague cède,
Jupiter fait jaillir Minerve du cerveau.

Le savoir est armé pour combattre sans trève
Les dogmes insolents qui ne produisent rien :
Si nous ne voulons pas étouffer comme en rêve,
Il nous faut appliquer la tyrannie au bien.

Écrasons l'imposture ! Exaltons la justice !
Ce programme dit tout : le moyen et le but.
Aux défenseurs hautains d'un stérile artifice
Crions à notre tour : « Pour vous, point de salut !

Vous voulez gouverner par des lois arbitraires,
En fondant votre droit sur les ordres de Dieu :
Votre règne est athée, ô fourbes téméraires !
A nous le droit divin : car la justice est Dieu. »

## POST-SCRIPTUM.

Plusieurs demanderont en quoi les principes nouveaux sont supérieurs aux principes dominants. L'auteur les adresse aux représentants de l'Église infaillible, aux adorateurs du droit divin et des suffrages populaires, au pape et aux Césars. Ceux-là ne s'y tromperont pas. Si la liberté anarchique leur permet de vivre, la justice disciplinée les condamnerait à mort. Comment sacrifierait-elle plus longtemps l'existence des nations et le bonheur de l'humanité à l'intérêt, à l'ambition, à la criminelle folie de quelques hommes ?